PALOMA BLANCA

Ilustrações: **PAULA KRANZ**

E SE EU SENTIR...
SOLIDÃO

Ciranda
na Escola

Dados Internacionais de Catalogação na Publicação (CIP) de acordo com ISBD

B236s   Barbieri, Paloma Blanca Alves

         E se eu sentir... solidão / Paloma Blanca Alves Barbieri ; ilustrado por
Paula Kranz. – Jandira : Ciranda na Escola, 2025.
         32 p. : il. ; 24cm x 24cm. – (E se eu sentir...)

         ISBN: 978-65-5384-578-7

         1. Literatura infantil. 2. Sentimentos. 3. Emoções. 4. Solidão. 5. Saúde.
6. Psicologia. I. Kranz, Paula. II. Título. III. Série.

                                    CDD 028.5
2025-1497   CDU 82-93

Elaborada por Vagner Rodolfo da Silva - CRB-8/9410

        Índice para catálogo sistemático:
        1.   Literatura infantil 028.5
        2.   Literatura infantil 82-93

Este livro foi impresso em fonte Melon Slices e Metallophile em maio de 2025.

Ciranda na Escola é um selo do Grupo Ciranda Cultural.

© 2025 Ciranda Cultural Editora e Distribuidora Ltda.
Coordenação editorial: Elisângela da Silva
Texto © Paloma Blanca A. Barbieri
Ilustrações © Paula Kranz
Edição: Fabiana Oliveira
Revisão: Luciana Garcia e Lígia Arata Barros
Projeto gráfico: Natália Renzzo
Diagramação: Imaginare Studio
Produção: Ciranda Cultural

1ª Edição em maio de 2025
www.cirandacultural.com.br
Todos os direitos reservados. Nenhuma parte desta publicação pode ser reproduzida, arquivada em sistema de
busca ou transmitida por qualquer meio, seja ele eletrônico, fotocópia, gravação ou outros, sem prévia autorização
do detentor dos direitos, e não pode circular encadernada ou encapada de maneira distinta daquela em que foi
publicada, ou sem que as mesmas condições sejam impostas aos compradores subsequentes.

As emoções são as cores da alma. São espetaculares e incríveis. Quando você não sente, o mundo fica opaco e sem cor.
William P. Young

Dedico este livro à minha gigantesca família (em especial, à minha mãe, Creusa), que me proporcionou e ainda proporciona as mais lindas e diferentes emoções!

EU DESCOBRI QUE EXISTE UMA EMOÇÃO, ENTRE TANTAS E TANTAS, QUE É ESTRANHA E DOLOROSA DE SENTIR.

ELA SURGE PRINCIPALMENTE QUANDO ESTOU SÓ.

MAS TAMBÉM QUANDO ESTOU RODEADO DE PESSOAS POR AÍ.

É O NOME DESSA EMOÇÃO!

SEMPRE QUE A SINTO, UM VAZIO VAI SE ALASTRANDO EM MEU CORAÇÃO, TRAZENDO UMA TRISTEZA SEM EXPLICAÇÃO.

A **SOLIDÃO** SURGE EM ALGUMAS SITUAÇÕES DO MEU DIA...

QUANDO ESTOU BRINCANDO NO PARQUE
SEM NENHUMA COMPANHIA...

QUANDO MEU PAI ESTÁ PRESENTE, MAS NÃO ME DÁ TANTA ATENÇÃO...

QUANDO PASSO POR ALGUMA MUDANÇA — DE CASA, DE ESCOLA...

E QUANDO MEUS PAIS PASSAM MUITO TEMPO LONGE DE MIM.

SEMPRE QUE A **SOLIDÃO** APARECE, A MAMÃE OU O PAPAI LOGO PERCEBEM.

NESSAS HORAS, ELES ME ABRAÇAM COM CARINHO E DIZEM ASSIM:

— ACONTEÇA O QUE ACONTECER, SEMPRE ESTAREMOS AQUI.

EU DESCOBRI QUE FAZER AS ATIVIDADES DE QUE GOSTO E NA COMPANHIA DAQUELES QUE AMO É UMA ÓTIMA MANEIRA DE AFASTAR A **SOLIDÃO**.

TAMBÉM DESCOBRI QUE ESSA EMOÇÃO PODE TER UM LADO BOM.

ESTAR SÓ POR UM MOMENTO ME PERMITE OUVIR MEUS PENSAMENTOS E REFLETIR SOBRE AS EMOÇÕES QUE EU GUARDO NO PEITO.

MESMO SENTINDO **SOLIDÃO** ÀS VEZES,
SEI QUE NUNCA ESTOU SOZINHO.

AFINAL, SEMPRE PODEREI CONTAR COM MINHA FAMÍLIA E MEUS VERDADEIROS AMIGOS.

FALANDO SOBRE A SOLIDÃO

A solidão é um sentimento que costuma surgir quando nos sentimos solitários, mesmo estando rodeados de pessoas queridas. Que tal refletir um pouco sobre essa emoção?

- Em quais situações você sente solidão?
- Como você age quando sente essa emoção?
- Quando foi a última vez que você se sentiu solitário?
- Como era a sensação?

Apesar de parecer que a solidão é um sentimento exclusivo da fase adulta, a verdade é que ela atinge as crianças também. Afinal, há várias situações que podem desencadear essa emoção nelas, como se mudarem para uma escola nova, onde elas não conhecem ninguém; passarem muito tempo longe dos pais e, quando juntos, não vivenciarem um momento de qualidade; e se sentirem excluídas de algum grupo ou situação da qual gostariam de fazer parte.

O diálogo frequente e a atenção plena nos momentos compartilhados com a criança são algumas ações que podem afastar o sentimento constante de solidão.

Se a solidão surgir por aí, lembre a criança de que ela sempre poderá conversar com alguém de sua confiança. Afinal, ainda que nos sintamos solitários às vezes, sempre há alguém que nos ama disposto a nos acolher em qualquer situação.

CRIANÇAS, ANIMAIS E SENTIMENTOS

Geralmente, a criança se sente fascinada pelos animais de estimação, e não é para menos, pois, além de serem queridos, bons amigos e trazerem muita alegria para o lar, eles podem melhorar a saúde e proporcionar uma deliciosa sensação de bem-estar.

Conviver com um animal de estimação, seja um gatinho, um cachorro ou um coelho, pode ensinar às crianças valores muito importantes, como paciência, respeito, gentileza, afetividade e responsabilidade.

Além disso, na companhia dos animais, as crianças encontram a confiança e a autoestima de que precisam para solucionar seus conflitos e, inclusive, lidar com seus próprios sentimentos.

UM RECADO PARA A FAMÍLIA

A descoberta dos sentimentos pode ser um momento surpreendente e difícil para as crianças, principalmente porque nem sempre elas sabem expressar o que estão sentindo. Por isso, a proposta deste livro é mostrar aos pequenos como e quando o sentimento da solidão pode surgir e ajudá-los a entender que sentir esse turbilhão de emoções faz parte da vida e auxilia em nosso crescimento.

Nesse processo de descoberta das emoções, a família, os educadores, os psicólogos e outros profissionais da infância são convidados a enxergar a solidão a partir de um outro olhar: o da criança! Afinal, para entender suas aflições e sentimentos, é preciso, antes de qualquer coisa, colocar-se no lugar dela.

Lidar com alguns sentimentos não é nada fácil, seja para o adulto, seja para a criança. Por isso, quanto mais cedo os pequenos entenderem suas emoções, mais rapidamente eles desenvolverão autonomia e confiança, habilidades essenciais para trilhar essa incrível jornada que todos compartilhamos: a vida!

PALOMA BLANCA nasceu em uma cidade litorânea de São Paulo. Apaixonada pela linguagem, decidiu se formar em letras e se especializar em tradução e ensino. Ela sempre gostou de escrever, desde criança. Em suas histórias e poesias, costumava falar sobre tudo o que sentia, pois, na escrita, encontrou a oportunidade perfeita para descobrir e compreender seus sentimentos. Escrever este livro foi um verdadeiro presente, que ela quer compartilhar com todas as famílias e, especialmente, com as crianças que (assim como ela em sua infância) desejam aprender a lidar com esse turbilhão de emoções que surge ao longo da vida.

PAULA KRANZ é mãe de duas lindas meninas. Logo que se tornou mãe, diversos sentimentos invadiram seu coração. E teve a oportunidade de transformar todo o medo, a tristeza, a raiva e a imensa felicidade que sentiu em sensações que a fizeram crescer como pessoa. Assim, junto de suas meninas, voltou a viver nesse mundo lúdico da infância. Nos últimos anos, além de brincar de comidinhas e poços de areia e de desenhar garatujas, ela se especializou em livros infantis. E lá se foram diversos livros publicados com os seus desenhos. Cada vez mais está repleta de sonhos e de vontade de mostrar a delicadeza e a leveza da infância, ilustrando a magia, o brilho nos olhos e a forma única de ver o mundo que as crianças compartilham todos os dias conosco.